TANTO PER FARE
NON SA DA FARE

Pensieri sparsi sulla strada della vita

Titolo | Tanto per fare non sa da fare
Autore | Giorgia Mascia
ISBN | 978-88-31627-95-5

Youcanprint
Via Marco Biagi 6 - 73100 Lecce
www.youcanprint.it
info@youcanprint.it

"..ci sono periodi nella vita che assomigliano
alla pellicola di un film finito,

che deve essere riavvolta e posta in un angolo
della memoria.

E sei li, seduta sui tuoi ricordi in un miscuglio
di emozioni, bloccata tra il buio

della sala e la luce troppo forte dell'uscita.

Ci sono periodi che si raccontano ogni volta
che dentro di te ripeti " Ciak si gira"..

E scegli una nuova sceneggiatura sperando
che la vita non sia finita.

Piccoli passi , pubblicità ."

Mamarobot

Con i piedi per terra e la testa nel sogno

TUTTO QUELLO CHE FACCIAMO O DICIAMO è solamente quello che serve a Noi. **IPOCRITAMENTE LO DEDICHIAMO AGLI ALTRI.**

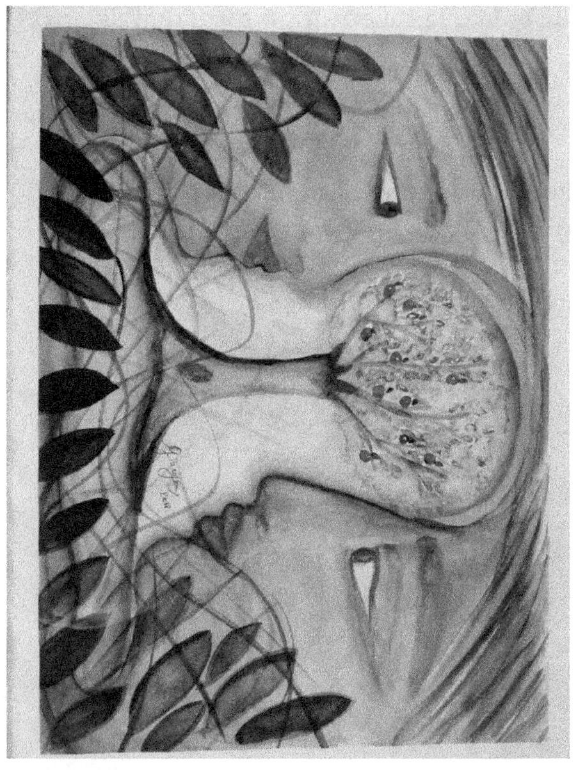

IERI ERA IERI

..noi donne
vittime prima
vittime poi
della lamentela fine a se stessa
che non interessa
ma che ci blocca.
Muoviti muoviti
invece di usare solo la bocca
che è un discorso che non ci tocca
usa il cervello che non è rarefatto
usa le braccia, le gambe, l'olfatto
respira..
Respira a fondo, fermati, riprendi fiato
osservati, non sei crollata
silenzia i pensieri, **ieri era ieri** .
Oggi ci sei
e questo è importante.
Domani riprova, guardati attorno
è l'amore di un nuovo giorno

CON I PIEDI PER TERRA E LA TESTA NEL SOGNO

SLEGO l' Ego
dai lacci della Storia
fritta e rifritta
mi rilasso in un brodo primordiale
generato non creato
tiepido incostante
a causa della mente.
Evaporo nei sogni del domani
digerendo ieri e gustando l'oggi.
Allontano le vostre palle mentali
scansandole a piede libero e indipendente.
Cerco una strada che non esiste ancora
ancorata ma priva di catene.
Con i piedi per terra e la testa nel sogno.

SENSI DI COLPA

Quanti abbracci mi sono persa
abituata a questa farsa
di benpensanti e giudicanti
ignara della vita.
Quanti abbracci non ho dato
bloccata da "non è giusto"
se mi vuoi bene me lo devi dimostrare
e nel mentre mi perdevo solo nel non fare.
Quegli abbracci che avrei voluto
ora me li prendo, senza giudizio
perché sono io che mi sono perdonata.

KEEP CALM

.. **è tutto troppo veloce**
che pare non essere esistito;
un bacio al volo
un abbraccio sfiorato,
un saluto rimandato.
Abbiamo sorriso?
Non mi ricordo, ero impegnato.
Chi è il più veloce?
Forse il più furbo, quello che corre
ma non si accorge.
Sono uno lento che mi accontento
che osservo, annuso
assaggio e sorrido.
Mi gratto il capo e penso..
esisto, anche io.

TUTTO È COSÌ FRAGILE

LA MIA VITA è fine a se stessa
non ha progetti di immortalità.
Vive del quotidiano
del detto e non rimandato
e sa benissimo
che un abbraccio non dato
è un abbraccio perduto

COLTA PER SBAGLIO

Mimose a iosa.
Scelte, recise, tagliate
unite e strette.
Oggi sono l'emblema della violenza.
C'è un albero giallo
che non ha fatto nulla
pare una donna
fragile e bella
colta per sbaglio
in un abbaglio

A RICERCAR la perfezione si ottiene ovvia
delusione .
Ma se osservi la natura trovi GIUSTA
imperfettura .

CONTRO CORRENTE

Sono fuori contesto in ogni posto
non mi riconosco.
Perché lo sai che "Quello "
mi ha messo il cervello
quel di sotto al di sopra
non come una trota
ma come un salmone
che gonfiando il polmone
risale contrario con forza pazzesca
il mare comune.

TEMPORALE

Prendi un luogo
accendilo ad intermittenza
canta il tuono con pazienza
e con forza innaffialo.
Tieni sveglie le persone
mostra il cielo e le case
e poi taci.
Sciogli i canti,
la polvere e l'aria.
Domani rinfresca.

CI VUOLE TEMPO

TU
immagina uno tsunami
 poi un altro
e un altro ancora.
Saresti un cumulo di macerie.
Ma se invece
dopo uno tsunami
ti dessi **il tempo per ricostruire,**
anche se ne arrivasse un altro
e un altro ancora
saresti ViVo.

DEE

INCUBATRICI DI UOMINI

responsabili fino alla nascita e oltre
in destini condivisi malgrado le violenze
non solo amore per questi corpi di luce.
Terre fertili per semi di ogni razza e colore.
Destinatarie di discendenze, di credenze
e colpevoli di tutto
malgrado il distacco ombelicale.
Libere di creare
ma inconsapevoli perpetuatrici
di modelli definiti nei secoli.
E nelle loro menti un solo pensiero; i figli.
SVEGLIATEVI anime di notti insonni
anche VOI avete diritto di **ESPRESSIONE**.

RICORDI LONTANI

Buonenotti perdute
nei meandri del tempo
ogni giorno un tormento.
Desideri nascosti che si affacciano piano
nel ricordo lontano di quando eri bambino.
E nei sogni l'attesa di quel bacio notturno
che sigilla l'Amore di una madre e di un figlio.

MASCHERE

LA VERITÀviene sempre a galla
la balla prima o poi parla.
Ci sono detti non detti
che fanno un giro lungo, tortuoso
si truccano di falso e poi
inciampano nell'ovvio.
Tutti i castelli in aria crollano
carta dopo carta, parola per parola
si scopre il bluff e allora
per terra un mucchio di pizzini
lasciano nudi tutti i **burattini.**

È vero che il mondo è una grande proiezione di noi stessi..
Perciò, chiediti perché continui ad odiarti.

LEONE DA TASTIERA

Veramente mi odio
costantemente.
Ogni volta che mi guardo allo specchio
e non mi riconosco.
Non sono figo ed apro il frigo.
Vivo la gente
ma non me ne importa niente.
Faccio uno sforzo
sorrido e mi mostro.
Mi frego, vi frego e me ne frego.
Ogni giorno mi odio, vi odio e prego un Dio .
Qualcuno farà qualcosa, non certo Io .

ARDI DA DENTRO DEL FUOCO ETERNO

Amare è una faccenda seria
tanto seria che fanno di tutto per fartela odiare.
Iniziano con le moine belline belline
per poi usarti ad intermittenza
come una lampada in balia dei venti
alimentata di carestia.
Pena la morte per asfissia
senza l'ossigeno necessario
affinchè cresca e non sia una tresca.
Ma tu che respiri di volta in volta
e non ti spegni per un baleno
vivi la fiamma comunque vada.
Ardi da dentro del fuoco eterno
e non ti spegni per così poco.

PERFORMANCE

Tanto per fare
non sa da fare.
Non mi interessa più sta cosa
che devo dimostrarmi sempre attiva
performante, lucida come una mela
ma sempre avvelenata, un morso e via.
Tanto per fare ma cosa fare
calma, aspetta
tanto la fretta non ti è amica
gioca per finta e poi ti frega
tempo, denaro e lascia l'amaro
giusto il disgusto per il tempo perduto

FENICE

Bivacco sulla mia anima
nella notte dei pensieri
al lume delle stelle
che disegnano un destino.
Brividi di pazienza e fiati sospesi
ricordi di attimi passati.
Il cuore batte veloce e si infiamma.
Non è amore né delusione
ma è l'ardere della passione.
Vita
tu si che sai bruciare
morire e **poi rinascere.**

E LA STORIA CONTINUA..

Sto entrando nella Storia
sono anche io un racconto sbiadito
fatto di episodi a fumetti
un po' a righe un po' a quadretti
dove i disegni si alternano alle parole
sfogli le pagine tristi ed esce il sole.
Sono un ricordo di tempi andati
c'era una volta una storia
scritta per me ma non ancora finita.

Mamarobot

Con i piedi per terra e la testa nel sogno

Indice

Youcanprint

Finito di stampare nel mese di giugno 2019